PROJET

DE RETRAIT

*De 30 milliards d'aſſignats, ſans démo-
nétiſation, ſans délai, ſans aucun
ſacrifice de la part du gouvernement,
ni de la claſſe indigente.*

Par F. JOURDAN l'aîné, de Marſeille.

A PARIS,

Chez GUEFFIER, Imprimeur-Libraire, rue
Gît-le-Cœur, N°. 16.

———————

Ce 5 Frimaire, an IV.

PROJET

DE RETRAIT

*De 30 milliards d'assignats, sans démo-
nétisation, sans délai, sans aucun
sacrifice de la part du gouvernement,
ni de la classe indigente.*

Ce que l'on demande avec instance ; ce que
tout le monde desire, comme l'unique moyen
de sauver la république, c'est un plan qui par-
vienne, par des mesures simples & amies de
l'ordre, à produire cette construction des finances
que l'on cherche dans tant de voies détournées.

Le législateur fera de vains efforts, & le
peuple d'inutiles vœux, si, avant tout, on n'opère
pas très-promptement la plus grande rentrée
profitable de nos assignats, par le lotage des
biens nationaux.

Ni les cédules si fort à la mode, ni les pré-
cédentes enchères, encore moins l'injuste démo-
nétisation ne réussiront jamais à nous fournir
l'expédient convenable à l'organisation d'un bon
système de finance. On sera toujours embarrassé

par la complication de tous ces rouáges. On aura fur-tout à combattre la défiance publique.

Tant de brochures forties des preffes n'ont pourtant jamais abordé une grande queftion qui eft, dans le fait, la feule propre à combiner les finances d'un état avec toutes les parties de fon gouvernement. Si toutefois l'on n'a pas encore de données certaines fur *la quantité du figne repréfentatif néceffaire à un état*, pourquoi refuferoit-on de faire cette intéreffante découverte lorfqu'en y travaillant, on peut produire tout le bien qu'on fe propofe en finances?

Cette riche découverte tient aujourd'hui à la ceffion approximative qu'on invite à faire des omaines nationaux. On trouvera en même-temps l'infaillible fecret de relever le difcrédit décuplant des affignats, & le jeu le plus fimple & le plus naturel pour retirer l'exubérante maffe du même papier-monnoie.

Ces trois réfultats ne font-ils pas l'objet actuel des recherches de tout écrivain patriote? n'attache-t-on pas avec raifon à cette triple opération la fortune de la révolution, la paix domeftique, la fplendeur du commerce, la reftauration des mœurs & le bonheur public?

On a cru un moment qu'on fe propofoit ce but, quand on inftitua, dans ces derniers temps, une *loterie nationale*. Car c'eſt la ſeule meſure praticable qui, entraînant le moins d'inconvéniens, s'accorde avec l'eſprit du peuple, & n'exige ni raiſonnement ni calcul ſujets à la malveillance.

Mais il faut l'avouer, on n'a pas ſu en retirer tout le parti qu'elle offroit; ou bien on a voulu, par prévention ou mauvaiſe foi, en retirer le ſalutaire & rapide effet. Elle eſt aujourd'hui preſque diſgraciée, puiſque la ſeconde loterie ne s'eſt recrutée & encore difficilement, que des *bons* du premier tirage & du papier démonetiſé, tant les joueurs ont paru tièdes. Ce n'eſt donc pas là une rentrée d'aſſignats productive dont on puiſſe tirer quelque honneur. En finances, une meſure bonne par elle-même, devient toujours infructueuſe, quand on la circonſcrit dans des limites étroites.

Au reſte, eut-elle produit, par ſa conſtruction partielle, quelque avantage dans le département de Seine, elle ne portoit pas moins avec elle un autre vice radical. Ses lots exceſſivement prodigieux provoquoient uniquement la cupidité, au-lieu de ſuſciter le civiſme & l'intérêt bien entendu. Pour avoir le plaiſir de faire un millionnaire a-t-on ajouté le moindre degré d'amélioration au plan des finances? La nation s'eſt-elle reſſentie du bien être du particulier favoriſé par le haſard? Rien ne bonifie moins l'*ordre public des choses* que de restreindre les résultats?

Il faut donc conserver *la loterie*; mais on doit adopter un autre mode de distribution dont les effets tendent salutairement à la fixation d'un plan de finances, au crédit & au plus grand retirement utile & indispensable des assignats. C'est celui d'universaliser l'opération du lotage ; c'est de lui faire embrasser quatre milliards de domaines, effets ou meubles nationaux.

Une telle extention a ses idées à elle-même. Elle se plie à un système combiné qui touche à-la-fois tous les points de la république. Elle ne se mêle point à ces pensées ingénieuses & à ces tours de force qui amusent aujourd'hui le loisir de quelques-uns de nos écrivains politiques.

Par le moyen d'un seul tirage on disperse du nord au midi, sur toute la surface, un nombre imposant d'acquéreurs. On pompe dans tous les lieux les assignats discrédités & avilis. On dégage rapidement les canaux obstrués de la circulation.

Cet allégement prompt & général redonne l'haleine & la vie au corps social. Le vide qui succède se remplira fructueusement alors des assignats que le besoin, ainsi que le système financier, laissera en circulation. Chaque particulier verra dans ceux qui lui resteront dans les mains

Je gage de fa fortune. Ils feront d'autant plus
accrédités à fes yeux, qu'ils feront en équilibre avec
les befoins & les échanges, & qu'ils auront plus
de mouvement dans l'induftrie. Cette méthode
enfin de traiter les intérêts des particuliers & ceux
du gouvernement, amènera fenfiblement l'avantage des chofes & des hommes.

On ne peut pas plus difconvenir de l'effet a coélé
rant que produira l'établiffement de cette *loterie
générale*, que l'on peut douter de la fimplicité du
rouage qu'on emploie. *Quatre milliards de domaines
nationaux conftitueront le fond de la loterie. On
émettra deux millions de billets payables au porteur
& négociables, à raifon de quinze mille livres la mife.
Le nombre de lots attachés à chaque férie de dix
numéros, portant une valeur réelle de vingt mille
livres, comprendra une lifte de deux cent mille
billets gagnans.* Ce fimple expédient, qui conferve
l'ordre & la clarté dans une opération de finance,
fi délicate par elle-même, montre au public im-
patient, fans aucun motif de défiance, une rentrée
de trente milliards d'affignats.

Avec un produit auffi important & recueilli
dans tous les départemens de la république, peut-
on être plus commodément placé pour régler
une organifation définitive dans l'enfemble comme
dans les détails des finances ? On fe trouve heu-

A 4

reufemeut amené à la néceffité d'encourager le négociant à reprendre fon crédit chez l'étranger, à relever fon efprit de fpéculation, & à revenir à fes billets à ordre & à fes lettres-de-change qui font le nerf comme l'ame du commerce.

Il n'y a point à balancer. Les circonftances font impérieufes : tout nous force la main. Il faut retirer les affignats, en maffe fuffifante pour remettre tout dans fon cours naturel. Les mefures partielles aggravent le mal : les palliatifs font encore plus funeftes. Au contraire, une opération tranchante qui, d'un feul coup, diminue la quantité difcréditée des affignats, rendra au peuple la monnoie de fon choix.

Ce n'eft pas la faute du peuple, fi le papier-monnoie eft devenu l'objet de fa défiance. Croyons-en fa bonne-foi : il convient qu'il n'a eu l'idée de repouffer l'affignat que du moment où il a eu trop de raifons de défefpérer du régime républicain, & que lorfqu'il a vu qu'entre lui & ceux qui devoient le garantir, il reftoit le dernier à renier la révolution. On ne fauroit ménager, à fon préjudice, le figne repréfentatif d'un ordre de chofes qu'on vous perfuade devoir finir.

Mais plus le plan qu'on propofe à cet effet éveille l'attention des connoiffeurs en finances, & force l'incrédulité des autres, plus on doit l'étayer de tous les moyens d'une parfaite réuffite.

On fait que les puiffances coalifées, après être venues à bout d'avilir les affignats par la main même des Français, fachant très-bien qu'on n'eft jamais mieux fervi que par un ennemi domeftique, confpirent habituellement contre l'application des remèdes propres à honorer notre papier-monnoie. On ne doute pas que les ennemis de la république, trop long-temps libres de déforganifer nos expédiens de finances, ne travaillent dans les cités & les campagnes à décourager les citoyens indubitablement engoués de cette nouvelle *loterie*.

Pour prévenir ce nouvel attentat fait au falut commun, la loi du bien public commande de rendre les billets de cette loterie, *forcés* pour les perfonnes aifées & les nouveaux négocians qui, certes, n'ont pas la moindre portion de nos affignats.

Les municipalités dépofitaires de ces billets convoqueront refpectivement les citoyens réputés admiffibles fur la lifte des *forcés*. Après cette convocation, ces citoyens refteront feuls juges de la diftribution, foit qu'un individu fe charge d'une férie entière, foit que l'on fe partage la portion des billets adreffés officiellement à la municipalité.

Qu'on ne dife pas que l'on bleffe, par cette condition, les principes du droit naturel & du gouvernement. Où feroit en effet la tyrannie, lorfque cette obligation civique rapporte un bénéfice incontestable, en échangeant fi avantageufement pour un bien fond, des affignats discrédités. Tout lot, pris même au hafard, peut-il être jamais au-deffous de l'aviliffement du papier-monnoie que l'individu donnera? Celui-là même qui remplira la fomme d'une férie entière, fe flatteroit-il d'acquérir avec cent cinquante mille francs le terrein ou l'effet national qui pourra lui échoir par le fort? Sans vouloir nous appuyer de l'énorme différence que la mauvaife-foi a mife entre la valeur réelle & la valeur nominale de l'affignat, n'avons - nous pas acquitté civiquement des conditions plus gênantes (fi toutefois on veut avoir l'air de fe récrier à ce fujet) : par exemple, *la taxe du quart du revenu & l'emprunt forcé.*

L'intérêt perfonnel fe trouve d'accord avec cette obligation qu'on peut appeller devoir. Chaque poffeffeur de lot, que la crainte a toujours éloigné des enchères nationales, fera bien aife de cet expédient, qui guérira en lui jufqu'aux fcrupules & aux confidérations. Il jouira paifiblement d'une propriété que le hafard lui aura départi; il s'étu-

diera à accroître le profit de son acquisition invo-
lontaire. L'habitude le rendra le défenseur ardent
de cette portion de sa fortune, & ses soins se mul-
tiplieront pour l'assurer à ses enfans.

De son côté, la nation en divisant tant de ter-
reins productifs, & les livrant ainsi à l'industrie
particulière, se débarrasse d'une manutention dis-
pendieuse & d'une multitude de gardes, direc-
teurs & régisseurs. Tout est, dans cette méthode,
profitable à la république. On n'ignore pas qu'elle
a besoin de ressources, au milieu même de ses
inépuisables richesses. En conséquence, plus on
élève le préjugé & l'opinion contre toute espèce
de papier-monnoie, plus on la contraint à forcer
par des voies licites le numéraire à reparoître,
& à sortir du secret où le tiennent la cupidité &
la malveillance. Aussi bien, en employant la loterie générale au retirement des assignats, elle sou-
mettra à un timbre de deux pour mille, les deux
cent mille billets gagnans, & les deux cent mille
cessions délivrées par les autorités locales & com-
pétentes, & à un droit d'enregistrement de dix
pour cent, les mêmes actes des deux cent mille
cessions. Cette perception sera purement en monnoie métallique.

On ne doit plus croire à la pénurie du numéraire qu'on affecte de constater par le mouvement

de l'agiotage. Rien n'eſt moins prouvé que cette
diſette factice. L'antipathie contre-révolution-
naire a creuſé la terre pour y enfouir cette reſ-
ſource. Elle s'eſt plu à la couvrir de rouille, pour
l'employer dans un temps favorable au diſcrédit
& à la ruine entière des aſſignats. Ce temps eſt
arrivé au gré de ſes criminels deſirs. A cette époque déſaſtreuſe où l'on ne voyoit que les dernières
palpitations que la république reſſentoit ſous le
poignard du royaliſme, le numéraire s'eſt montré
avec profuſion, ſoit en ſortant du ſein de la terre,
ſoit en rentrant avec les émigrés. Il a repouſſé de
la circulation le papier-monnoie; il a triomphé de
la ſolidité de ſon gage avec tant de ſuccès, que
dans les campagnes & dans la plupart des villes
de la république, il eſt devenu le ſigne de préfé-
rance & l'unique moyen d'échange. Cette triſte
vérité ſe confirme chaque jour aux dépens de l'in-
duſtrie, des relations commerciales, des voya-
geurs & des malheureux rentiers.

Si donc le numéraire eſt auſſi abondant dans la
majorité des départemens, la nation peut avec
juſtice exiger en monnoie métallique pluſieurs
ſortes d'impoſitions, au-lieu de ſe voir obligée, au
détriment des reſſources publiques, à l'acheter
chez l'étranger.

On ne pouſſera pas plus loin les détails de ce

projet, qu'on réferve d'ailleurs pour le moment de la difcuffion contradictoire. On a été obligé de refferrer les idées, puifque la matière eft en plein débat dans le corps légiflatif. Peut-être il n'eft plus temps d'écrire fur cette queftion, quand les efprits font tournés vers le fyftême américain, ou font épris de quelques plans ftérilement brillans. Quoi qu'il en foit, après avoir débattu les premières objections, il convient de rédiger les principaux articles qui doivent conftituer ce plan de finances.

ART. I. On difcontinuera la fabrication des affi-gnats; on en brûlera les planches en public, & l'on proclamera cette exécution dans toutes les municipalités de la république.

II. Il fera créé une loterie générale dont les lots feront difféminés dans tous les départemens.

III. On compofera cette loterie de deux millions de billets, à raifon de 15000 l. la mife.

IV. Les billets feront forcés.

Seront dans la claffe des billets forcés, 1°. Les citoyens ayant une propriété de

2°. Les citoyens faifant le commerce depuis 1791, & antérieurement à cette époque.

V. Les municipalités recevront ces billets officiellement. Auffi-tôt après leur réception, elles feront tenues de convoquer les citoyens aifés & les nouveaux négocians. Ces citoyens fe diftribueront librement entre eux les billets de ladite loterie.

V I. Le nombre de ces billets, envoyé dans chaque département, fera fixé d'après fa population & fa richeffe territoriale & individuelle.

V I I. Il fortira par chaque férie de dix numéros un lot en domaine, effets ou meubles nationaux.

V I I I. Chaque lot s'élevera à la valeur de 20000 l. d'après l'eftime faite avant l'an III.

I X. Les billets gagnans feront négociables & payables au porteur.

X. Ces mêmes billets feront fujets à un timbre de 2 p. 1000.

X I. Les actes de mife en poffeffion, délivrés par les autorités que la loi défignera, feront foumis à un timbre de 2 p. 1000, & à un droit d'enregiftrement de 10 p. 100, fur l'eftime du lot.

X I I. Deux mois après le tirage, tout propriétaire de billet gagnant qui n'auroit pas fatisfait aux conditions énoncées aux articles X & XI, fera déchu de fon droit, & le lot rentrera dans les mains de la nation.

X I I I. Tout propriétaire de lot qui prendroit poffeffion, & tout membre de l'autorité désignée qui auroit autorisé ladite mise en possession, sans qu'au préalable les conditions des articles **X** & **XI** eussent été remplies, seront condamnés à une amende en numéraire, de la valeur des droits prescrits ci-dessus.

XIV. Les citoyens auxquels il aura été remis des billets de loterie, dans la forme ordonnée, ne pourront, sous aucun prétexte, retarder l'envoi du montant des billets reçus, sous peine d'une amende en numéraire du tiers de leur mise.